Tendencias de la libertad de educación en el mundo: análisis de sus facilitadores y relación con la movilidad social y la equidad

COLECCIÓN EDUCACIÓN Y FAMILIA | INFORME 04

Enero de 2025

Autores

Gonzalo Sanz-Magallón Rezusta
Responsable de proyectos de Educación de CEU-CEFAS

Antonin Olszak-Olszewski
Becario de investigación OIDEL

CEU-CEFAS tiene como objetivo promover los principios inspiradores fundamentales de la Doctrina Social de la Iglesia en el ámbito cultural y político, a través de cursos, congresos y publicaciones. El CEU-CEFAS aspira a convertirse en un lugar de referencia y de encuentro para el debate, la reflexión, la formación, la difusión y la investigación en el ámbito de las ideas para la mejora de la sociedad.

CEU-CEFAS
Calle Tutor, 35
28008 Madrid | España
Teléfono: (+34) 91 514 05 77
cefas@ceu.es
cefas.ceu.es

Instituto CEU de Estudios de la Familia
Universidad CEU San Pablo
C/ Julián Romea, 20
28003 Madrid | España
Teléfono: (+34) 91 456 63 11
if@ceu.es
institutofamilia.ceu.es

Depósito legal: M-6688-2025
ISBN: 978-84-19976-70-3
Maquetación: CEU Ediciones
Impresión: CEU Ediciones
Impreso en España

Publica: CEU Ediciones
Calle Julián Romea, 18
28003 Madrid | España
Teléfono: (+34) 91 514 05 73
ceuediciones@ceu.es

La Fundación Universitaria San Pablo CEU es una entidad inscrita en el Registro de Fundaciones con el nº 60 /
CIF (G-28423275).

Índice

Índice de gráficos y tablas

Gráficos

Tablas

Resumen Ejecutivo

La libertad de educación debe entenderse como una pluralidad efectiva de ofertas educativas y un sistema de financiación pública que permita el acceso de las familias, independientemente de su nivel de renta, a las escuelas no gubernamentales (ENG)[1]. Se trata de un derecho fundamental que debe garantizarse en todos los países para respetar los derechos humanos. Este estudio describe las tendencias de la libertad educativa en los distintos países, analiza sus posibles potenciadores y cuantifica la relación entre la libertad educativa y distintos indicadores económicos, sociales y educativos. Este informe incluye a un total de 156 países, lo que supone 74 países más respecto al primer informe elaborado en 2023 por CEU-CEFAS y OIDEL (Sanz-Magallón & Zurga, 2023).

Tipología de países según su grado de libertad de educación

En el presente informe se han agrupado los 156 países del Índice de Libertad Educativa (ILE) de OIDEL en cuatro categorías con valores homogéneos de esta métrica y se caracterizan cada uno de los conglomerados. Aunque presentan características diferentes, se comprueba que el grado de libertad educativa aumenta a medida que se incrementa el ingreso per cápita, el desarrollo humano, la equidistribución del ingreso, la libertad económica, la satisfacción con la vida y la movilidad social.

También se observa un mayor desempeño en las características del sistema educativo a medida que aumenta la libertad educativa, tanto en los indicadores que representan el nivel general de aprendizaje de los estudiantes en las pruebas PISA, como en los indicadores que representan la igualdad de oportunidades (equidad) y la segregación social en las escuelas.

---

[1] Las escuelas no gubernamentales (NGS) son aquellas instituciones educativas que no son administradas directamente por el Estado. Estas pueden incluir:
- Escuelas privadas: Financiadas principalmente por recursos privados, como matrículas de los estudiantes o donaciones.
- Escuelas concertadas: Financiadas parcialmente por el gobierno pero gestionadas por entidades privadas.
- Escuelas confesionales: Administradas por instituciones religiosas.
- Escuelas comunitarias o independientes: Fundadas y gestionadas por organizaciones civiles o comunidades locales.

Evolución de la libertad educativa en el siglo xxi

El grado de libertad educativa ha tendido a aumentar desde principios del siglo xxi en todas las regiones. Entre 2002 y 2023, la puntuación global del ILE ha aumentado un 6,7%, destacando el incremento importante en África (21,2%). Se puede observar un proceso de convergencia, ya que los países que inicialmente tenían un nivel más bajo son los que más han aumentado su puntuación ILE en los 21 años transcurridos entre 2002 y 2023. Sin embargo, durante el período 2016-2023, el aumento ha sido menos fuerte, y algunas regiones, como Iberoamérica, Asia y el Pacífico, han disminuido su puntuación en el ILE.

La libertad de enseñanza y su relación con otras libertades fundamentales

Se observa una alta correlación al comparar la libertad educativa con otras libertades básicas en todos los países y regiones. En general, el estado de la mayoría de las libertades en el mundo se encuentra en un nivel aceptable. Sin embargo, cuando se trata de la libertad de educación, ninguna región muestra valores deseables. En aquellas regiones donde la libertad educativa está más establecida (Europa y América del Norte), los niveles promedio están lejos de lo que sería óptimo, considerando como tal el valor del Grupo 4, integrado por Irlanda, Bélgica, Países Bajos, Reino Unido y Chile. En consecuencia, en materia de libertad de educación, existe un notorio potencial de mejora en todas las regiones del mundo, y especialmente en los Estados Árabes y África, aun cuando África presentó una fuerte mejora en los últimos veinte años.

También se pueden identificar correlaciones entre las libertades básicas y los indicadores individuales del ILE. Por ejemplo, el indicador 1 del ILE (posibilidad legal de establecer y gestionar ENG) y la libertad religiosa y la libertad de formar partidos políticos presentaron una fuerte correlación. El indicador 3 (tasa de matriculación en la escuela primaria) también está fuertemente vinculado con la libertad económica y el funcionamiento del Estado de Derecho. El indicador 2 (financiación pública de ENG) está también estrechamente relacionado con todas las libertades básicas, mientras que el indicador 4 (porcentaje de ENG) no muestra asociación con las otras variables representativas de libertades.

Libertad de educación, desempeño del sistema educativo y equidad

Algunos indicadores del ILE, especialmente el indicador 2, muestran una asociación positiva con el desempeño escolar de los países en las pruebas PISA-2022, aunque esta relación se pierde al incluir ciertas variables de control, como el nivel económico del país, o la región geográfica a la que pertenece. Estudios previos han mostrado un mejor desempeño del sistema educativo asociado a las escuelas privadas y concertadas, utilizando técnicas que permiten establecer relaciones causales, lo que se manifiesta no solo en las competencias PISA (matemáticas, lectura, ciencias) sino también en diversos aspectos, incluido un mejor aprendizaje de lenguas extranjeras.

De manera similar, la asociación entre los indicadores 1, 2 y 4 del ILE y ciertas variables representativas de la segregación social en las escuelas es inicialmente evidente, pero desaparece cuando se añade a la ecuación el nivel de ingreso per cápita o la región geográfica. Por lo tanto, debemos rechazar la hipótesis de que la libertad de educación, tal como la define el ILE, conduce a una mayor segregación.

Finalmente, en materia de equidad, el indicador 2 muestra resultados relevantes cuando se asocia con la distribución del ingreso y la movilidad social. Esta relación se mantiene incluso después de incluir variables de control, como el ingreso per cápita y la región geográfica a la que pertenece el país. En este sentido, no sólo es rechazable la idea de que la libertad de educación aumenta las desigualdades, sino que debe establecerse la asociación inversa. En materia de inmigración, el ILE se asocia negativamente con una brecha de desempeño entre estudiantes con antecedentes de inmigración y sin ellos, por lo que una mayor libertad educativa no se relaciona con mayor desigualdad entre estudiantes de diferentes orígenes.

Conclusiones

A partir de este informe y de la amplia literatura sobre el desempeño superior de las escuelas no estatales en la mayoría de los países, podemos concluir que avanzar hacia una mayor libertad educativa tiene considerables ventajas. La libertad de educación respeta el derecho de los padres a elegir el tipo de educación para sus hijos. Además, logra una mayor equidad y reduce las desigualdades económicas, impulsando el desempeño del sistema educativo y mejorando su eficiencia.

La situación de la libertad de educación en el mundo

1.1. ¿Qué entendemos por libertad de educación?

Este estudio se basa en el Índice de Libertad de Enseñanza (ILE), proporcionado por OIDEL en sus ediciones de 2002, 2016 y 2023, para medir la libertad educativa. Cuatro indicadores construyen este Índice. En primer lugar, el **indicador 1** muestra la posibilidad legal de crear y gestionar escuelas no gubernamentales (ENG). Para 2002, solo consideró la legalidad de este derecho, siendo una variable con valores de 100 (reconocimiento legal) o 0 (en caso contrario). En las siguientes ediciones este indicador tuvo tres subindicadores diferentes: posibilidad legal de crear y gestionar ENG (80 puntos sobre 100); reconocimiento constitucional de la libertad de enseñanza (10 sobre 100); y reconocimiento legal de la educación en el hogar (10 sobre 100).

El **indicador 2** refleja la financiación pública que reciben las ENG. Este indicador es relevante ya que la falta de financiación gubernamental para las escuelas no gubernamentales dificulta el acceso a las familias de menores ingresos. El **indicador 3** corresponde a la Tasa Neta de Matrícula en educación primaria. OIDEL incluye este indicador para valorar en el índice la posibilidad real que tienen los niños de ser educados en los distintos países. Por último, el **indicador 4** captura el porcentaje de estudiantes matriculados en ENG.

En este informe se analizan las tendencias y las relaciones del ILE en general y de cada uno de sus cuatro indicadores con otras variables, ya que cada uno describe circunstancias muy diferentes. Mientras que el indicador 1 es la base legal para la existencia de una oferta educativa no gubernamental, el indicador 2 mide el acceso de la población a estas escuelas, lo que debería reflejarse en los valores del indicador 4.

1.2. Tipología de países según el Índice de Libertad de Educación OIDEL

La técnica de agrupamiento jerárquico seguida por OIDEL clasificó a los países en grupos relativamente homogéneos según su nivel de libertad educativa. Se obtuvieron cuatro conglomerados, como se muestra en la Tabla 1, con las siguientes características:

- Grupo 1. Está formado por los siete países con menor libertad educativa, cuyo valor ILE medio para 2023 es de solo 20,3. Dos son africanos (Eritrea y Somalia), dos son de Asia (Afganistán y República Popular Democrática de Corea), uno árabe (Arabia Saudita), uno de América Latina y el Caribe (Cuba) y finalmente otro de Europa (Macedonia del Norte).

- Grupo 2. Es el grupo más numeroso, con 99 países, concentrados en África (34% del total), Asia y el Pacífico (22%) América Latina y el Caribe (28,6%); y el resto de los países están repartidos entre Europa y América del Norte, Estados Árabes y América Latina y el Caribe (aprox. 15% cada uno). El promedio del índice OIDEL para este grupo es de 51,1. El país con el valor de ILE más bajo de este grupo es Liberia (38,4), y el más alto es Portugal (58,6).

- Grupo 3. Se compone de 45 países, principalmente europeos y norteamericanos (62,2%), entre ellos España, con un valor ILE medio de 70,2. Ecuador es el país del grupo con el valor más bajo del índice (59,0) y Finlandia con el más alto (75,3). La principal diferencia entre este clúster y el grupo 2 sigue siendo el indicador 2 (financiación pública de los ENG), con una media de 68,2, frente a 21,8 en el grupo 2.

- Finalmente, el Grupo 4 está compuesto principalmente por países europeos (Bélgica, Irlanda, Países Bajos y Reino Unido), aunque también se incluye un país de América Latina y el Caribe (Chile). El indicador 2 es significativamente más alto en este grupo que en el 3, con un promedio de 94, en comparación con 68,2 en el grupo anterior.

Grupo	N° países	Países	FEI 2023							
			Significar	Desv estándar	Mínimo	Máximo	Indicador 1	Indicador 2	Indicador 3	Indicador 4
1	7	**Asia y el Pacífico:** Afganistán, República Popular Democrática de Corea. **América Latina y el Caribe:** Cuba. **África:** Eritrea, Somalia. **Europa:** Macedonia del Norte. **Estados árabes:** Arabia Saudita.	20.3	7.4	6.8	26.1	12.86	0	68.4	0.04
2	99	**Europa y América del Norte:** Albania, Armenia, Azerbaiyán, Bielorrusia, Bosnia y Herzegovina, Bulgaria, Chipre, Grecia, Italia, Portugal, República de Moldavia, Serbia, Suiza, Turquía, Ucrania. **África:** Angola, Benin, Botswana, Burundi, Camerún, República Centroafricana, Chad, Congo, Costa de Marfil, República Democrática del Congo, Guinea Ecuatorial, Etiopía, Gabón, Gambia, Ghana, Guinea, Guinea-Bissau, Kenia, Liberia, Madagascar, Malí, Mauritania, Mozambique, Namibia, Níger, Nigeria, Ruanda, Senegal, Sudáfrica, Sudán del Sur, Tanzania, Togo, Zambia, Zimbabwe. **Estados árabes:** Argelia, Bahréin, Egipto, Emiratos Árabes Unidos, Irak, Jordania, Kuwait, Libia, Marruecos, Omán, Qatar, República Árabe Siria, Túnez, Yemen. **Asia y el Pacífico:** Bangladesh, Camboya, China, Filipinas, India, Indonesia, Irán (República Islámica del), Japón, Kazajstán, Kirguistán, Malasia, Mongolia, Myanmar, Nepal, Pakistán, Sri Lanka, República Democrática Popular Laos, Tayikistán, Timor-Leste, Turkmenistán, Uzbekistán, Vietnam. **América Latina y el Caribe:** Brasil, Colombia, Costa Rica, El Salvador, Guatemala, Haití, Honduras, Jamaica, México, Nicaragua, Panamá, Paraguay, Uruguay, Venezuela.	51.1	4.8	38.4	58.6	90.2	21.8	88.4	0.2
3	45	**Europa y América del Norte:** Andorra, Austria, Canadá, Croacia, República Checa, Dinamarca, Estonia, Finlandia, Francia, Georgia, Alemania, Hungría, Islandia, Israel, Letonia, Lituania, Luxemburgo, Malta, Montenegro, Noruega, Polonia, Rumania, Federación Rusa, Eslovaquia, Eslovenia, España, Suecia, Estados Unidos. **África:** Burkina Faso, Malawi, Mauricio, Sierra Leona, Uganda. **Estados árabes:** Líbano. **Asia y el Pacífico:** Australia, Nueva Zelanda, Papúa Nueva Guinea, República de Corea, Singapur, Tailandia. **América Latina y el Caribe:** Argentina, Bolivia, República Dominicana, Ecuador, Perú.	66.6	3.6	59.0	75.3	92.2	68.2	96.9	0.1
4	5	**Europa y América del Norte:** Bélgica, Irlanda, Países Bajos, Reino Unido. **América Latina y el Caribe:** Chile.	88.6	8.3	78.6	99.9	100	94	99.2	0.1
Total	156		55.4	12.7	6.8	99.9	87.6	36.5	90.3	0.2

Tabla 1: Clústeres según el Índice de Libertad de Educación 2023 y países que los componen. Valores medios, mínimos y máximos.
Fuente: Elaboración propia con datos de OIDEL.

Nivel de libertad educativa		Región					Total
		África	Estados árabes	Asia y el Pacífico	Europa y América del Norte	América Latina y el Caribe	
1	Número de países	2	1	2	1	1	7
	%	28.6	14.3	28.6	14.3	14.3	100.0
2	Número de países	34	14	22	15	15	99
	%	34.3	14.1	22.2	15.2	15.2	100.0
3	Número de países	5	1	6	28	5	45
	%	11.1	2.2	13.3	62.2	11.1	100.0
4	Número de países	0	0	0	4	1	4
	%	0.0	0.0	0.0	80.0	20.0	100.0
Total	Número de países	41	16	30	48	21	156
	%	26.3	10.2	19.2	30.8	13.5	100.0

Tabla 2: Distribución de clusters por región..
Fuente: Elaboración propia con datos de OIDEL

Las siguientes tablas muestran las características de cada grupo en diferentes variables representativas de su nivel de desarrollo económico (ingreso per cápita e índice de desarrollo humano), grado de libertad económica, distribución personal de la renta, desempeño (calidad y equidad) del sistema educativo, el nivel de satisfacción declarado por la población y la movilidad social[2]. Se puede distinguir una relación notablemente estrecha entre el nivel de libertad educativa y los indicadores antes mencionados que representan el nivel de progreso, bienestar material y desempeño del sistema educativo. Los países con mayor libertad educativa también muestran una mayor equidad en la educación.

La mayor diferencia entre el primer y el último clúster se encuentra en el Producto Interno Bruto (PIB) per cápita, que es 533,2% mayor en el clúster 4. En el índice de desarrollo humano la diferencia es de 50%, en el índice de Gini de -5,7%, y de -12,7% respecto al porcentaje de ingresos correspondiente al 10% más rico de la población. Podemos observar una notable diferencia de 57,3% en el grado de libertad económica. La satisfacción con su vida declarada por la población también es mayor a medida que el grupo tiene un mayor nivel de libertad educativa y también existe mayor movilidad social a medida que aumenta la libertad educativa.

---

2   La movilidad social se refiere a la capacidad de una persona para moverse entre grupos sociales y estatus en una sociedad. El índice del Foro Económico Mundial mide cinco parámetros clave (educación, acceso a la tecnología, atención médica, protección social y oportunidades de empleo) y va de 0 a 100, siendo 100 la mejor puntuación.

Variable	Agrupamiento según libertad educativa	Promedio	Diferencia entre el grupo 1 y el 4	Variable	Agrupamiento según libertad educativa	Promedio	Diferencia entre el grupo 1 y el 4
PIB per cápita	1	11,639.4	533.2%	Índice de Gini	1	33.5	-5.7%
	2	17,008.4			2	37.2	
	3	48,782.5			3	33.5	
	4	73,697			4	31.6	
	Total	27750			Total	35.5	
IDH	1	0.62	50%	Porcentaje de ingresos correspondiente al 10% más rico de la población	1	n.a.(a)	-12.7% (b)
	2	0.67			2	29.1	
	3	0.84			3	25.9	
	4	0.93			4	25.4	
	Total	0.72			Total	27.7	
Libertad económica	1	6.45	20.8%	Satisfacción con la vida	1	39.78	88.6%
	2	6.31			2	43.76	
	3	7.3			3	63.81	
	4	7.79			4	75.01	
	Total	6.66			Total	50.75	
Mobilidad Social	1	no (a)	45.6%				
	2	51.5					
	3	71.3					
	4	75					
	Total	61.9					

Tabla 3: Valores promedio de las variables económicas y sociales para cada clúster y diferencias de los extremos.
(a) Los datos no están disponibles.
(b) Se realiza una comparación entre el Grupo 4 y el Grupo 2.
Fuente: Elaboración propia con diferentes fuentes.

Observando algunas características del sistema educativo, como sus resultados y su relación con la riqueza, vemos que los clústeres mejoran y se vuelven más equitativos a medida que aumenta el nivel de libertad educativa. Es el caso del índice de segregación social de los estudiantes en los centros educativos, que disminuye a medida que aumenta el nivel de libertad educativa (el índice de segregación social medio del grupo 4 es un 2,4% inferior al del grupo 2). En cuanto a los resultados de las pruebas medias de matemáticas, lectura y ciencias de PISA 2022 son mejores entre los países con mayor libertad educativa (+25,78% de diferencia entre el grupo 4 y el grupo 1). Por último, la brecha educativa de los estudiantes inmigrantes[3] va disminuyendo a medida que aumenta el grado de libertad educativa, con un descenso del 55,13% entre el grupo 2 y el grupo 4.

---

3   La variable brecha migratoria mide la diferencia en las puntuaciones PISA entre estudiantes con antecedentes migratorios y aquellos sin ellos. La diferencia se expresó en valor absoluto, ya que el valor ideal para esta variable es 0.

Variable	Agrupamiento según libertad educativa	Promedio	Diferencia entre el grupo 2 y el grupo 4
Índice de segregación social (a)	1	n.a. (b)	-2.4% (c)
	2	0.163	
	3	0.148	
	4	0.159	
	Total	0.154	
Resultados PISA 2022 (matemáticas, lectura, ciencias).	1	381.45	25.78%
	2	408.47	
	3	467.4	
	4	479.79	
	Total	438.84	
Brecha migratoria	1	n.a. (b)	-55.13% (c)
	2	24.16	
	3	14.64	
	4	10.84	
	Total	16.92	

Tabla 4: Valores de los indicadores del sistema educativo para cada clúster y diferencias de los extremos.
(a) El índice de segregación social mide si la diversidad de estudiantes dentro de las escuelas refleja la diversidad de estudiantes a nivel de país o economía. El índice varía de 0 a 1, donde 0 corresponde a ninguna segregación y 1 a segregación total.
(b) Los datos no están disponibles.
(c) Se realiza una comparación entre el Grupo 4 y el Grupo 2.
Fuente: Elaboración propia con datos de OIDEL.

1.3. Evolución de la libertad educativa desde 2002

Atendiendo a los valores del índice de libertad de educación de OIDEL, observamos un avance moderado de la libertad educativa en promedio en el mundo en los últimos años, pasando de un nivel de 55,2 en 2002 a 58,9 en 2016 –(véase la Tabla 5). Todas las regiones avanzaron. La región con el mayor incremento fue África, con un crecimiento de 21,2%, seguida de América del Norte (+11,9%). Europa solo aumentó ligeramente (+0,9%), pero sigue siendo una de las regiones con mejor desempeño. A pesar de su notable progreso, África todavía está muy por detrás de Europa y América del Norte, y ligeramente por detrás de Asia y el Pacífico y América Latina y el Caribe en 2023.

Región	2002					2023					Var. FEI 2023/02 (%)
	ILE	Indicador 1	Indicador 2	Indicador 3	Indicador 4	ILE	Indicador 1	Indicador 2	Indicador 3	Indicador 4	
África	41.9	84.4	13.3	66.7	23.07	49.3	88.9	30	74.7	19.17	17.66
Estados árabes	45.7	83.3	15	77.8	15.27	50.5	76.7	20	95.6	10	4.8
Asia y el Pacífico	54.9	80	41.3	88.7	12.1	56.9	89.3	36.7	95.3	8.93	3.6
Europa	62.6	91.3	53.7	94.7	17.62	65.8	94	61.3	97.5	14.79	5.11

	2002					2023					Var. FEI 2023/02 (%)
Región	ILE	Indicador 1	Indicador 2	Indicador 3	Indicador 4	ILE	Indicador 1	Indicador 2	Indicador 3	Indicador 4	
América del norte	60.5	95	45	95	14.54	67.7	100	70	94.8	11	11.9
Iberoamérica y el Caribe	55.2	85.8	26.8	89.3	7.35	58.9	87.4	34.7	93.4	8	5.3
Mundo	55.2	86.7	37.5	88	11	58.9	89.9	44.2	93.4	14.54	6.7
Desv. estándar	13.58	15.57	34.26	14.73	13.81	7.45	5.38	20.99	6.56	6.14	7.44

Tabla 5: Evolución del Índice de Libertad Educativa promedio y sus indicadores (2002-2023).
Fuente: Elaboración propia con datos de OIDEL.

Muchos de los países que han avanzado más en materia de libertad educativa, como Vietnam, Angola, Tanzania, Etiopía o India, son los que en 2002 tenían valores de ILE más bajos que el resto (ver Gráfico 1). Sin embargo, hay excepciones. Países como Cuba, Arabia Saudita, Paraguay o la República Democrática del Congo no han avanzado e incluso han reducido su grado de libertad educativa, a pesar del bajo nivel de partida..

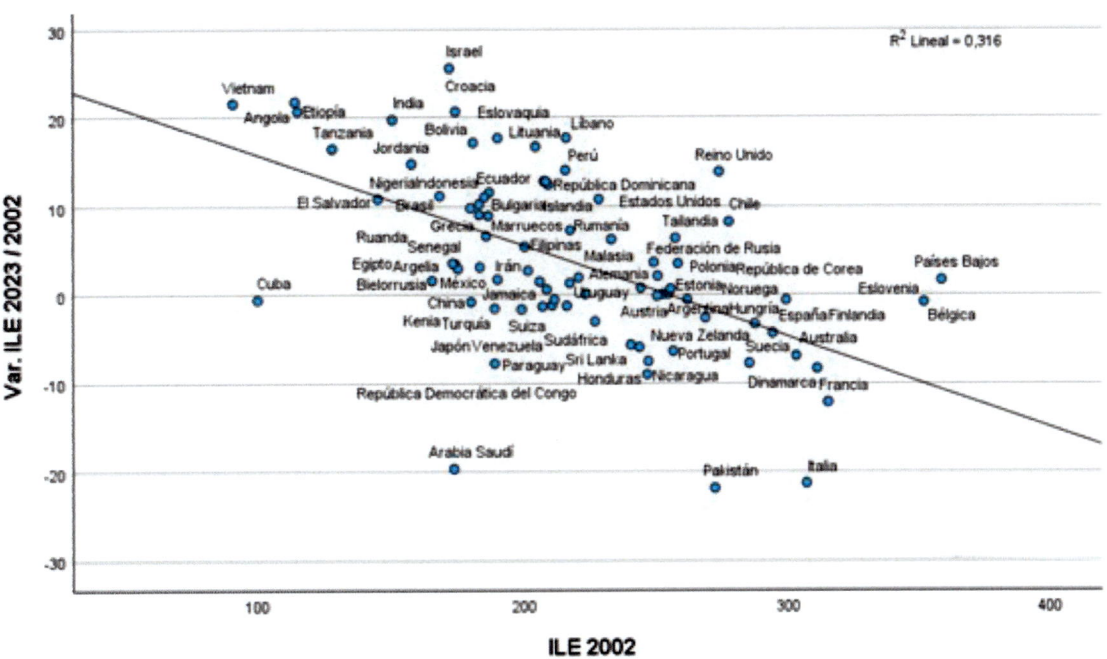

Gráfico 1: Evolución del Índice de Libertad de Educación entre 2002 y 2023 y el nivel del indicador en 2002.
Fuente: Elaboración propia con datos de OIDEL.

Vale la pena estudiar la evolución del ILE y de cada uno de los indicadores que lo componen. El gráfico 2 muestra la evolución del ILE en general para las diferentes regiones. De 2002 a 2023, se observa una tendencia positiva en las puntuaciones de ILE, con un aumento en todas las áreas del mundo. África muestra la mayor mejora gradual, pasando de 41,9 en 2002 a 49,3 en 2023. Europa solo mejoró ligeramente. Las puntuaciones de Asia y el Pacífico y América Latina y el Caribe, si bien mejoraron entre 2002 y 2023, disminuyeron entre 2016 y 2023.

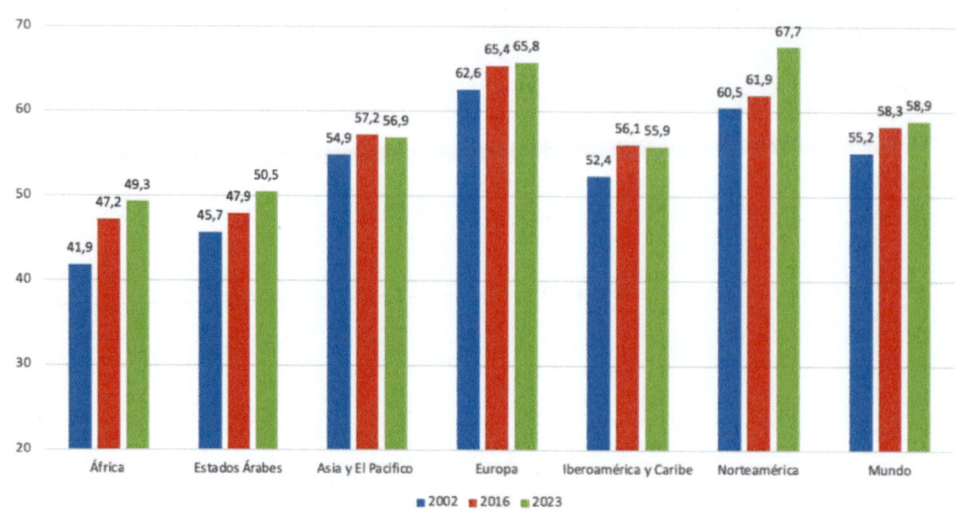

Gráfico 2: Evolución del Índice de Libertad de Enseñanza de 2002 a 2023.
Fuente: Elaboración propia con datos de OIDEL.

El Gráfico 3 muestra la evolución del indicador 1 (posibilidad legal de crear y gestionar ENG) a lo largo de los años. La media del indicador 1 ha aumentado en general, excepto en los Estados Árabes, que pasó de 83,3 en 2002 a 76,7 en 2023. Sin embargo, cabe destacar que la media del indicador 1 en los Estados Árabes ha aumentado de 2016 a 2023. En 2023, América del Norte obtuvo la puntuación perfecta de 100 para el indicador 1.

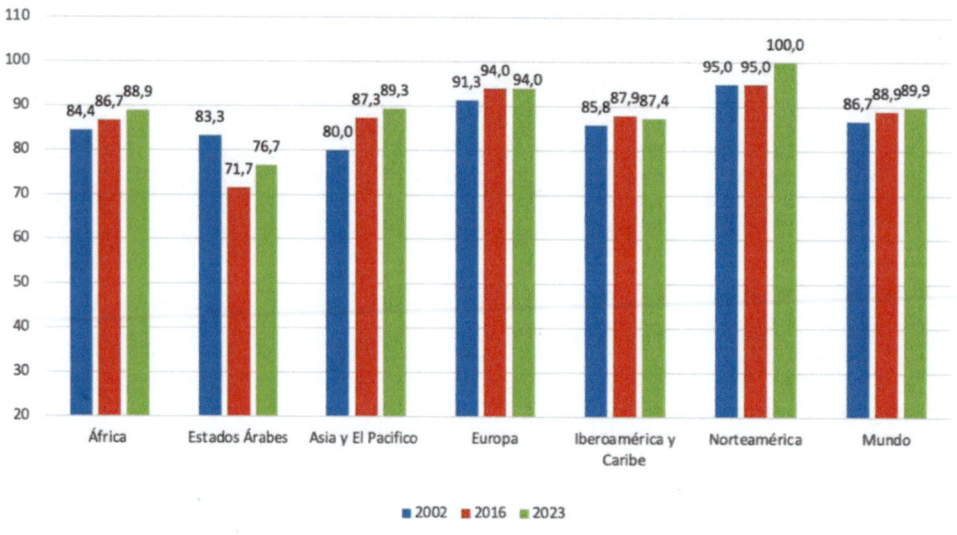

Gráfico 3: Evolución del Indicador 1 (posibilidad legal de crear y gestionar SNG) de 2002 a 2023.
Fuente: Elaboración propia con datos de OIDEL.

El Gráfico 4 presenta la evolución del indicador 2 (financiación pública a ENG) desde 2002 hasta 2023. Asia y el Pacífico han visto disminuir gradualmente sus puntuaciones generales , mientras que todas las demás regiones han mejorado o al menos se han mantenido iguales. América del Norte muestra una mejora muy notable, de 45 en 2002 a 70 en 2003.

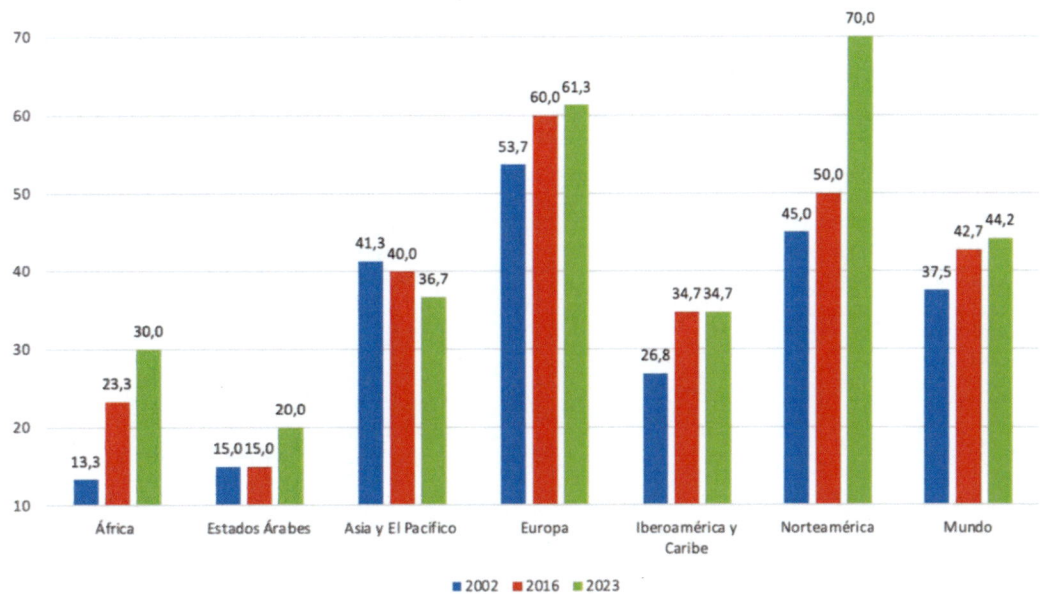

Gráfico 4: Evolución del Indicador 2 (financiación pública a ENG) de 2002 a 2023.
Fuente: Elaboración propia con datos de OIDEL.

El Gráfico 5 muestra la evolución del indicador 3 (tasa de matriculación neta en educación primaria). Desde 2002 los valores han tendido a aumentar, pasando de 88 en 2002 a 93,4 en 2023, destacando, sobre todo, las subidas de África, Asia y los Estados Árabes.

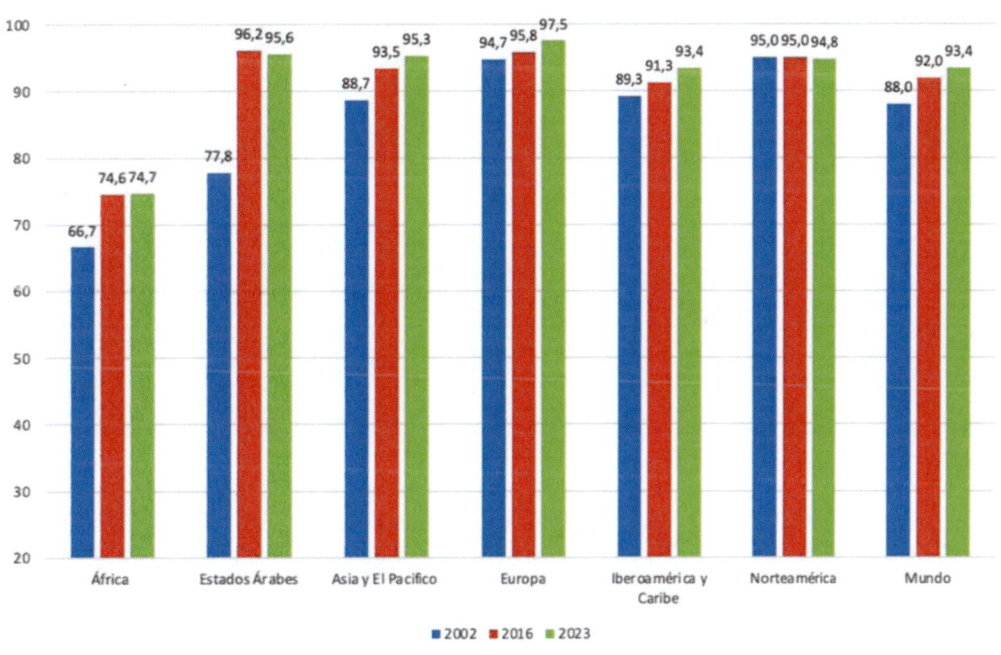

Gráfico 5: Evolución del Indicador 3 de 2002 a 2023.
Fuente: Elaboración propia con datos de OIDEL.

Por último, el Gráfico 6 muestra la evolución del indicador 4 (porcentaje de estudiantes matriculados en ENG). Desde 2002, todas las regiones han mejorado en este indicador, excepto América del Norte, que ha empeorado ligeramente. El mayor aumento se observa en Asia y el Pacífico. África, que había mejorado mucho entre 2002 y 2016, ha empeorado considerablemente entre 2016 y 2023.

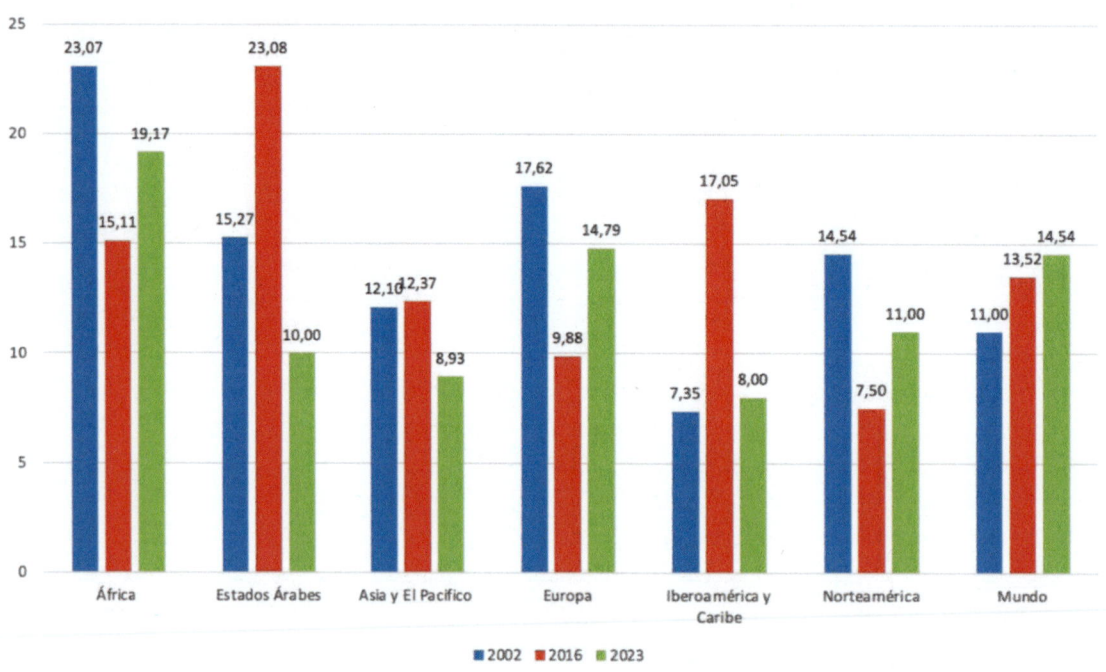

Gráfico 6: Evolución del Indicador 4 (porcentaje de estudiantes matriculados en ENG) de 2002 a 2023.
Source: Own elaboration with OIDEL data.

1.4 El estado de las diferentes libertades según las regiones del mundo

En esta sección se analizan los niveles de los diversos tipos de libertades (económicas, políticas y educativas) en las diferentes regiones del mundo, lo que permitirá identificar en qué medida algunas áreas geográficas tienen mayor o menor nivel de libertad, y en función de qué tipo de libertad se considera.

La libertad económica se puede extraer del Índice de Libertad Económica de The Heritage Foundation, que mide en escalas de 0 a 100, obteniendo un promedio de numerosas variables agrupadas en cuatro secciones:

- Estado de Derecho (derechos de propiedad, integridad gubernamental, eficacia judicial).
- Tamaño del gobierno (gasto público, carga fiscal, salud fiscal).
- Eficiencia regulatoria (libertad empresarial, libertad laboral, libertad monetaria).
- Mercados abiertos (libertad de comercio, libertad de inversión, libertad financiera).

El Índice de Libertad Humana, publicado por el Instituto Fraser, tiene en cuenta la libertad religiosa, la libertad de formar partidos políticos y la libertad de expresión y comunicación. Este índice compuesto es una medida de la libertad entendida como la ausencia de coerción y utiliza diferentes opciones cualitativas para cuantificar cada aspecto de las libertades fundamentales.

En cuanto a la libertad religiosa, el Instituto Fraser analiza dos aspectos. Uno, el derecho a practicar y elegir una religión y a convertirse pacíficamente, cambiando de religión. También analiza hasta qué punto los individuos o grupos tienen libertad de pensamiento, conciencia y religión. El otro, la represión que sufren las organizaciones religiosas por parte del gobierno.

El análisis de la libertad de formar y participar en partidos políticos toma en consideración las barreras a los partidos, las prohibiciones a las organizaciones y la autonomía de los partidos de oposición. En cuanto a la libertad de expresión y de comunicación, el Instituto Fraser evalúa los ataques directos a la prensa, los periodistas encarcelados, la libertad de expresión cultural y académica, el acoso a los periodistas, los esfuerzos de censura del gobierno y de Internet, y la autocensura.

América del Norte y Europa tienen los valores medios de libertad más elevados, mientras que los países árabes se encuentran en el extremo opuesto. Si observamos el nivel medio mundial de cada tipo de libertad, la libertad de enseñanza presenta el segundo nivel general menos satisfactorio, después del Estado de Derecho, y ninguna región alcanza un valor elevado. La libertad religiosa y la libertad de formar partidos políticos se encuentran en el polo opuesto, ya que están bien establecidas en la mayoría de las regiones.

	Libertad de Educacion	Libertad economica	Estado de derecho	Libertad Religiosa	Libertad de informacion y expresion	Libertad para crear partidos politicos	Media
África	✖ 5,08	✖ 5,95	✖ 4,2	❗ 7,86	✖ 5,56	✅ 8,22	❗ 6,15
Estados árabes	✖ 4,79	✖ 5,91	✖ 4,15	✖ 4,15	✖ 3,35	✖ 5,1	✖ 4,59
Asia y el Pacífico	✖ 5,31	❗ 6,69	✖ 4,74	❗ 6,33	✖ 5,26	❗ 7,15	✖ 5,92
Europa	❗ 6,32	❗ 7,43	❗ 6,59	✅ 8,31	❗ 7,57	✅ 9,2	7,82
Norteamérica	❗ 6,77	✅ 8,06	❗ 7,29	✅ 9,77	✅ 9,36	✅ 9,72	✅ 8,84
América Latina y el Caribe	✖ 5,52	❗ 6,7	✖ 4,24	✅ 8,81	❗ 6,92	✅ 9,01	❗ 6,87
Mundo	✖ 5,54	❗ 6,66	✖ 5,07	❗ 7,48	❗ 6,12	✅ 8,12	❗ 6,5

.Tabla 6: El estado de la libertad en sus diferentes dimensiones en las diferentes regiones del mundo..
Fuente: Elaboración propia con datos de OIDEL y Fraser Institute (Índice de Libertad Humana).

Explicando los diferentes niveles de libertad educativa por país

2.1 Relación entre el FEI y diversos indicadores

En este apartado se estudia la relación entre la libertad educativa y los diferentes elementos que pueden influir en ella. El análisis de los principales indicadores representativos de la libertad política, económica y religiosa pretende comprender qué características se asocian con el mayor o menor nivel de libertad educativa entre los países del mundo.

a) Nivel de desarrollo: PIB per cápita, IDH

Como se puede observar en el Gráfico 7, la tendencia positiva entre este indicador y el ILE es clara (R2=0,27), con una gran cantidad de países ubicados en la línea de regresión. Sin embargo, también hay países muy dispersos, y en particular países con un PIB per cápita bajo.

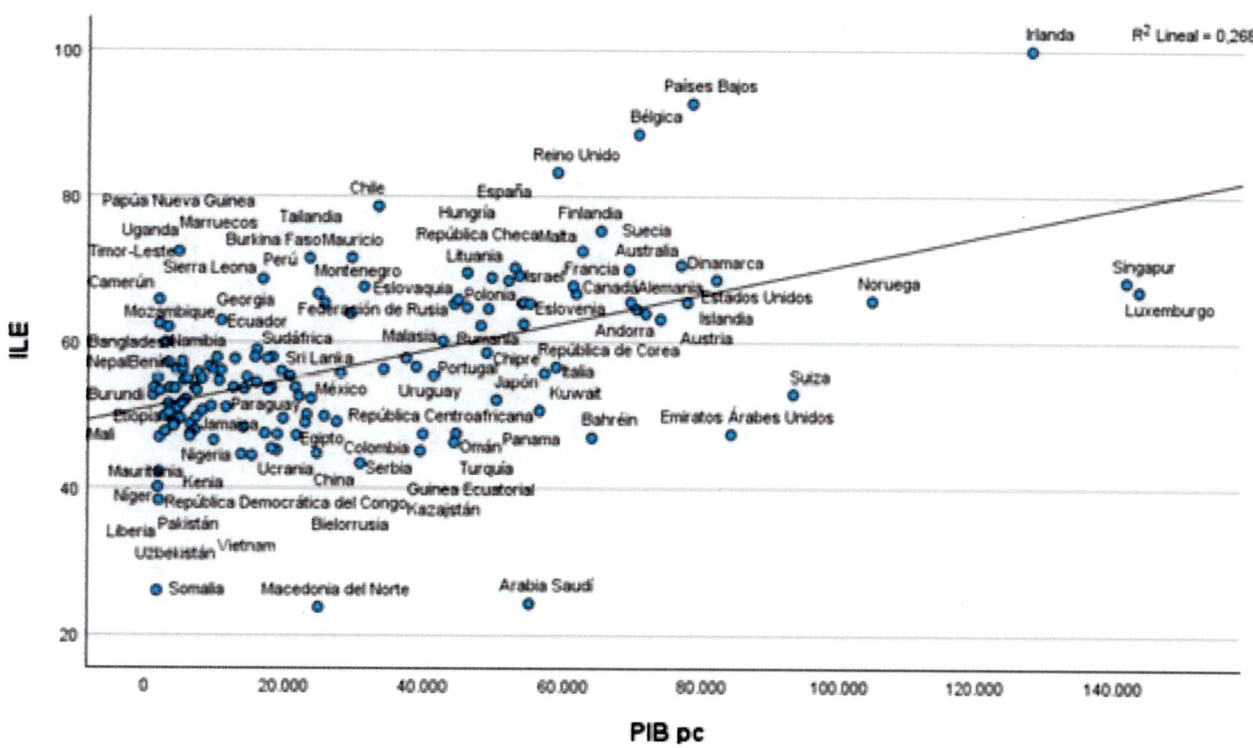

Gráfico 7: Relación entre el Índice de Libertad de educación y el PIB per cápita.
Fuente: Elaboración propia con datos de OIDEL y Banco Mundial.

En cuanto a la relación entre el Índice de Desarrollo Humano (IDH) y el ILE, en las etapas iniciales del desarrollo humano muestra una tendencia al crecimiento, pero sufre un estancamiento entre los valores de 0,6 y 0,8 del IDH, con una disminución de la libertad de educación para numerosos países entre 0,7 y 0,8, siendo este un elemento sin mayor impacto en el valor del índice. No obstante, para los niveles más altos del IDH, a partir de alrededor de 0,9, la libertad de educación aumenta. En general, el Gráfico 8 muestra la relación positiva entre el IDH y la libertad de educación (R^2=0,24).

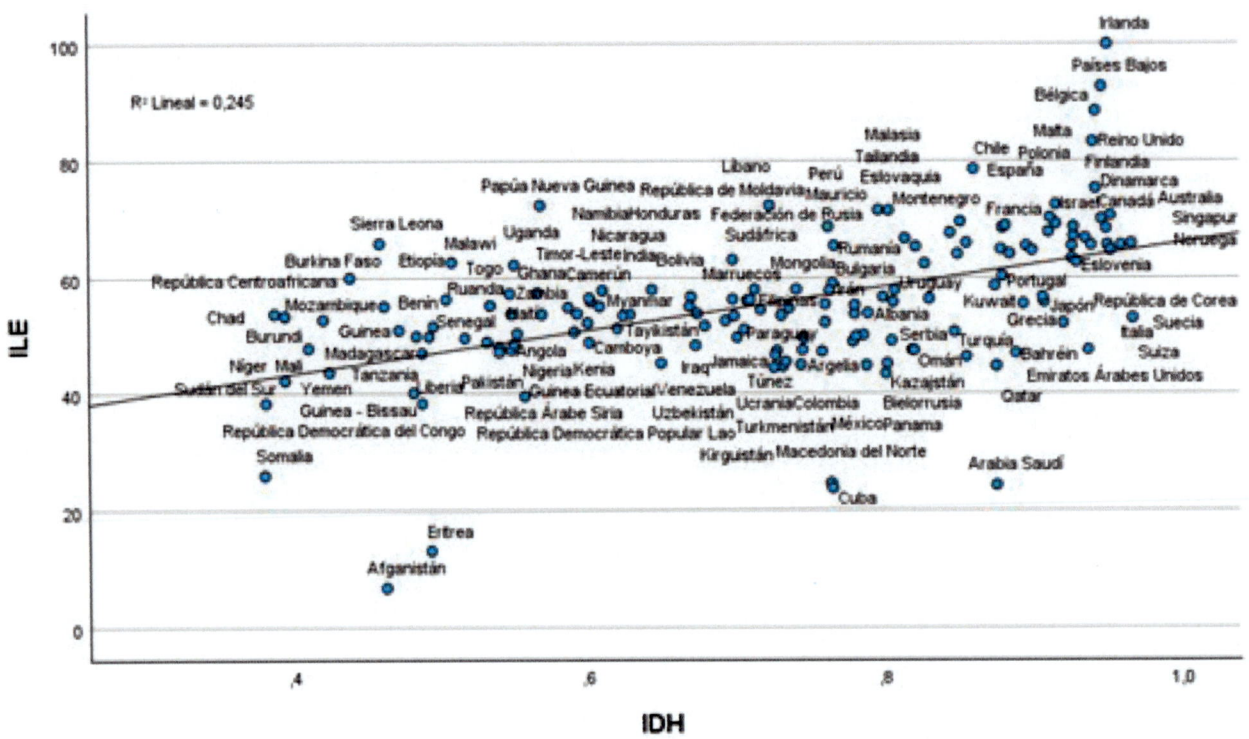

Gráfico 8: Relación entre el Índice de Libertad de Educación y el Índice de Desarrollo Humano.
Fuente: Elaboración propia con datos de OIDEL y Naciones Unidas.

b) Libertad económica

La relación entre la libertad económica y la libertad educativa es positiva (R^2=0,24), aunque la libertad educativa disminuye en los países con una puntuación de libertad económica entre 5 y 8. Arabia Saudita, Somalia o Macedonia del Norte se encuentran, de hecho, muy por debajo de la línea de regresión. Por otra parte, la libertad educativa tiende a aumentar en los países con mayor libertad económica, como muestran Irlanda, los Países Bajos o Bélgica.

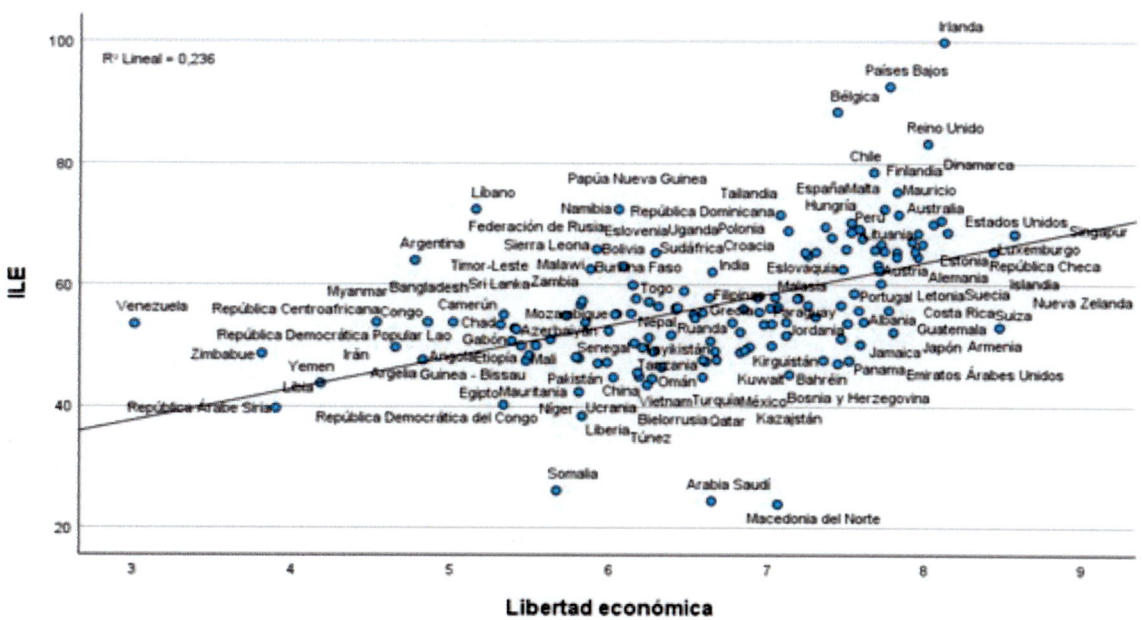

Gráfico 9: Relación entre el Índice de Libertad de Educación y la Libertad Económica.
Fuente: Elaboración propia con datos de OIDEL y The Heritage Foundation.

c) Libertad para crear partidos políticos

La relación entre la libertad educativa y la libertad de crear partidos políticos es, en general, positiva (R^2=0,21). La libertad política está muy extendida por todo el mundo, y la mayoría de los países se concentran en el lado derecho del gráfico. Aun así, algunos países muestran una puntuación alta en libertad de crear partidos políticos, pero una puntuación baja en libertad de educación, como Somalia o Macedonia del Norte. En cambio, los países menos democráticos, como los Emiratos Árabes Unidos, Vietnam o Arabia Saudita, quedan fuera de la línea de regresión y mucho más atrás en lo que respecta a esta libertad.

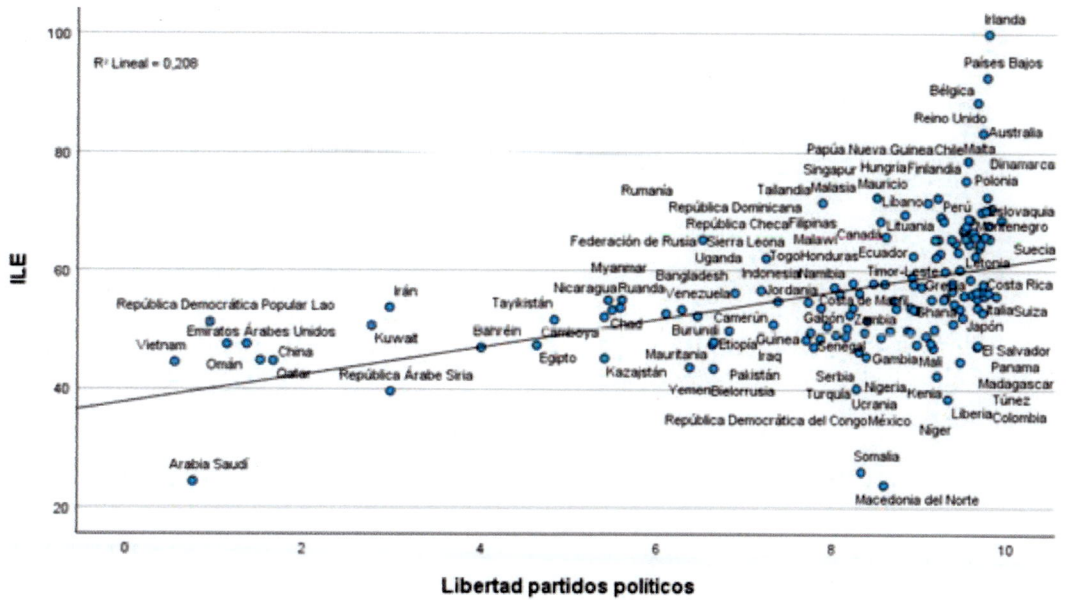

Gráfico 10: Relación entre el Índice de Libertad de educación y la Libertad de crear partidos políticos.
Fuente: Elaboración propia con datos de OIDEL y Fraser Institute.

d) Estado de Derecho

En cuanto al Estado de Derecho, se encuentra mejor distribuido y ajustado a la línea de regresión (R^2=0,33). Esto demuestra que la libertad de educación y el Estado de Derecho presentan un coeficiente de correlación significativo y que ambas libertades comparten una relación positiva. Hay ejemplos claros que quedan fuera de la estimación, como Irlanda y los Países Bajos, dados sus resultados excepcionales en el ILE. Por el contrario, países como Arabia Saudita, Somalia y Macedonia del Norte están muy por debajo de su correspondiente puntuación en libertad de educación, considerando su desempeño en la métrica «Estado de Derecho».

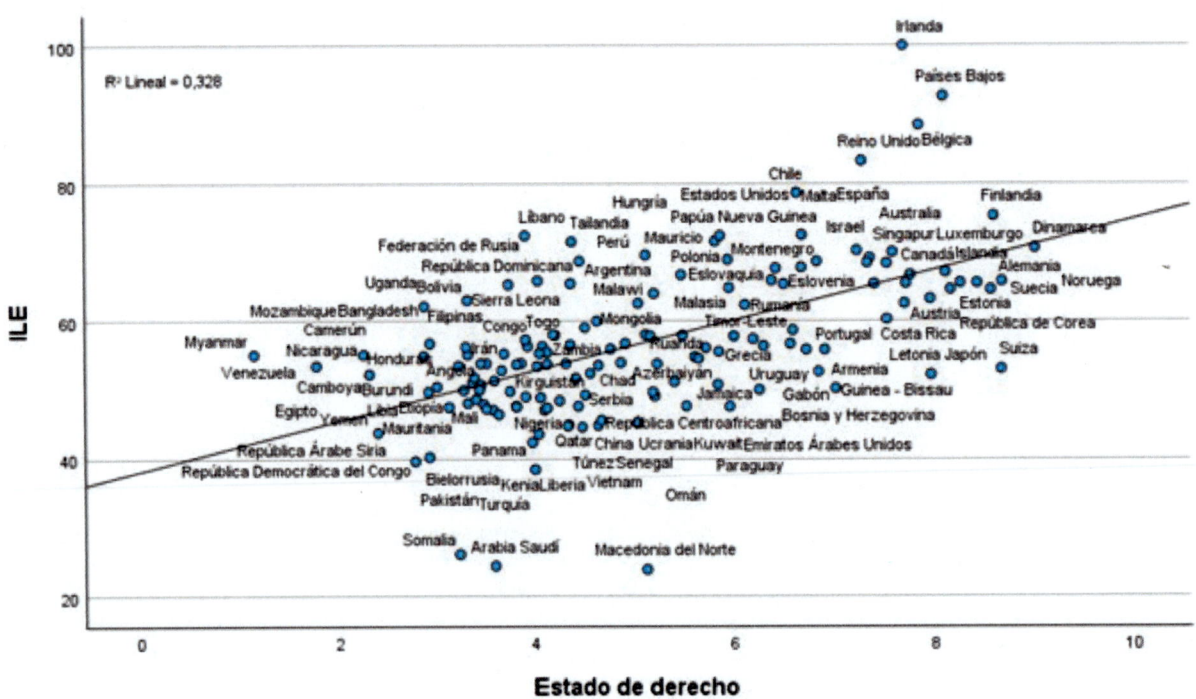

Gráfico 11: Relación entre el Índice de Libertad de educación y el Estado de derecho.
Fuente: Elaboración propia con datos de OIDEL y Fraser Institute.

e) Libertad de información y expresión

La relación positiva entre la libertad de educación y la libertad de expresión e información se puede observar en el Gráfico 12 (R^2=0,32). Países como Alemania, Togo, Paraguay y Tayikistán se ajustan perfectamente a la línea de regresión. Sin embargo, otros países se desvían considerablemente de su valor esperado, como Irlanda y los Países Bajos, en contraste con Somalia, Macedonia del Norte y Arabia Saudita. Estos son los países con rasgos más particulares en la mayoría de los análisis conjuntos de libertades, dado su desempeño atípico en estos indicadores.

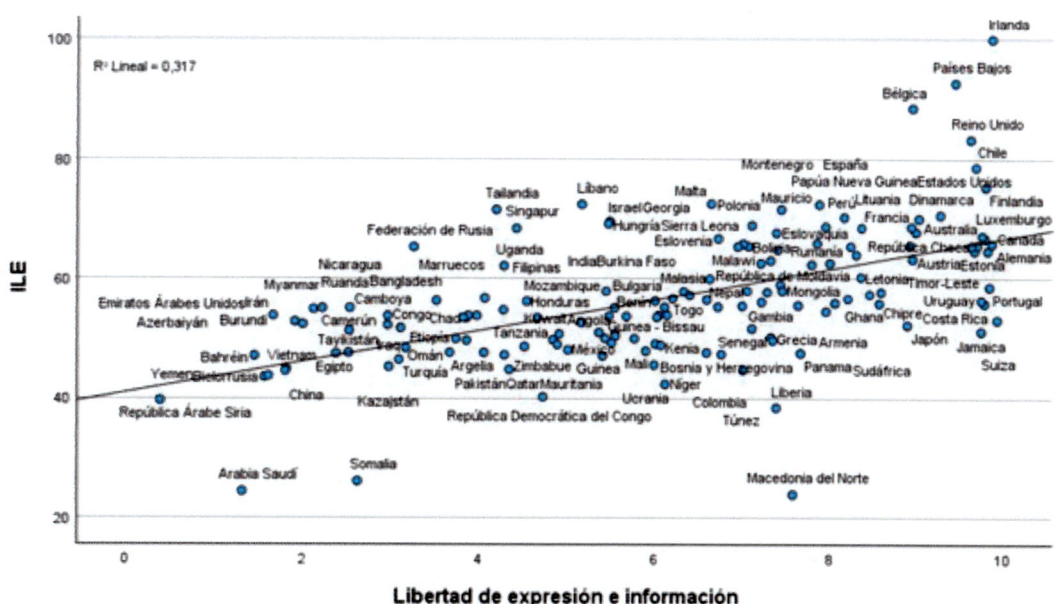

Gráfico 12: Relación entre el Índice de Libertad de educación y la Libertad de expresión e información.
Fuente: Elaboración propia con datos de OIDEL y Fraser Institute.

f) Libertad religiosa

También se observa una relación positiva entre la libertad religiosa y la libertad educativa (R^2=0,28). Sin embargo, en el caso de los países con una libertad religiosa elevada, los resultados en materia de libertad educativa son bastante diversos, y en numerosos casos se sitúan muy por encima o por debajo de la línea de regresión. Arabia Saudita, como se ha observado a lo largo de este estudio, presenta resultados inferiores en todas las libertades, ocupando el último lugar en la mayoría de ellas.

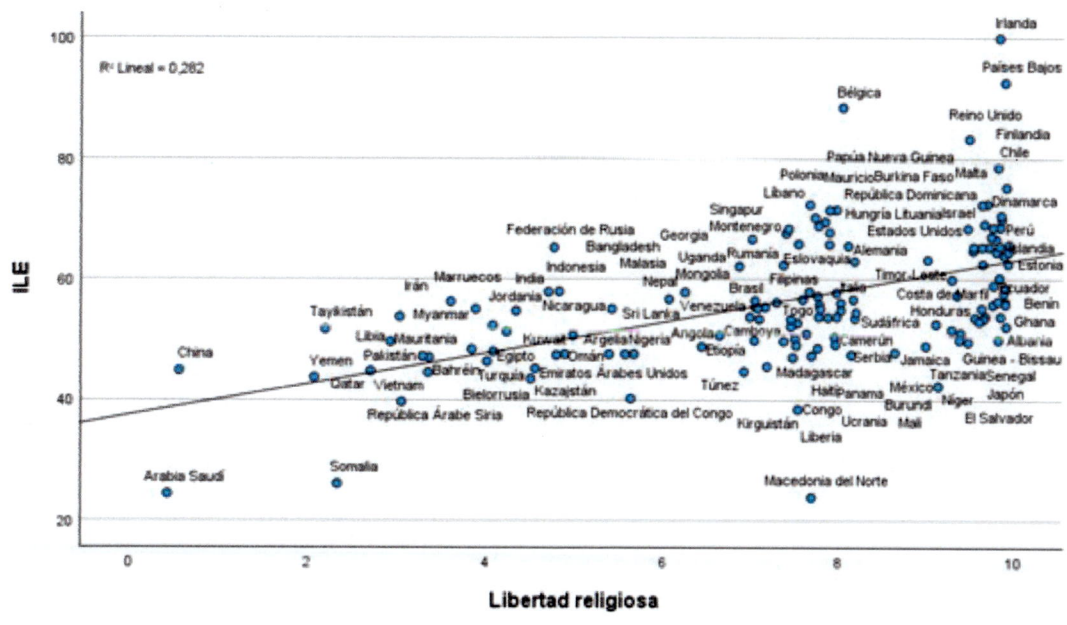

Gráfico 13: Relación entre el índice de libertad de educación y la libertad religiosa.
Fuente: Elaboración propia con datos de OIDEL y Fraser Institute.

2.2 Correlaciones entre variables representativas de las Libertades

Los resultados de las correlaciones bivariadas de los valores de las variables anteriores y del PIB per cápita de cada país con el ILE y sus componentes se muestran en la Tabla 7. Las principales conclusiones que podemos extraer son:

- El ILE está fuertemente correlacionado en el conjunto de variables representativas de las diferentes formas de libertad, así como con el nivel de desarrollo económico.
- La asociación más fuerte del indicador 1 del ILE (posibilidad legal de crear y gestionar escuelas no gubernamentales) se observa con la variable representativa de la libertad de crear partidos políticos.
- La variable más fuertemente asociada al indicador 2 (financiación pública de las ENG) es la que representa el buen funcionamiento del Estado de Derecho, seguida de cerca por la libertad de expresión e información.
- El indicador 3, que describe la Tasa Neta de Matrícula en educación primaria, está fuertemente asociado con el nivel del PIB per cápita del país.
- Finalmente, el indicador 4 (cuota correspondiente a ENG) no muestra asociación significativa con las variables estudiadas.

	ILE 2023	Indicador 1	Indicador 2	Indicador 3	Indicador 4	PIB per cápita	Libertad económica	Estado de Derecho	Libertad religiosa	Libertad de expresión e información
ILE 2023	1									
Indicador 1	0,646**	1								
Indicador 2	0,857**	0,317**	1							
Indicador 3	0,529**	0,226**	0,260**	1						
Indicador 4	0,281**	0,105	0,166*	-,102	1					
PIB per cápita	0,521**	0,174*	0,508**	0,383**	0,080	1				
Libertad económica	0,485**	0,094	0,498**	0,361**	0,007	0,691**	1			
Estado de Derecho	0,573**	0,121	0,602**	0,358**	0,021	0,765**	0,723**	1		
Libertad religiosa	0,531**	0,252**	0,551**	0,193*	0,061	0,256**	0,433**	0,535**	1	
Libertad de expresión e información	0,563**	0,166*	0,594**	0,264*	0,058	0,447**	0,613**	0,738**	0,766**	1
Libertad para formar partidos políticos	0,456**	0,303**	0,481**	0,060	-0,061	0,184*	0,387**	0,423**	0,724**	0,760**

Tabla 7: Correlaciones bivariadas: Indicadores del índice de libertad de educación, PIB per cápita y libertades políticas y religiosas.
Fuente: Elaboración propia con base en datos de OIDEL, The Heritage Foundation y Fraser Institute (Human Freedom Index).

Relaciones entre libertad educativa, rendimiento e igualdad de oportunidades

3.1 Rendimiento

Un apartado anterior de este estudio expone cómo la libertad de educación se asocia positivamente con mejores resultados de los estudiantes en las pruebas internacionales PISA, que miden la calidad de los sistemas educativos. En este sentido, es posible explicar las puntuaciones medias en las pruebas PISA a partir del valor del ILE, obteniéndose un coeficiente correspondiente al ILE de 1,941, y significativo al 99%, dado el p-valor de 0,004. La relación entre ambas variables se muestra en el Gráfico 14.

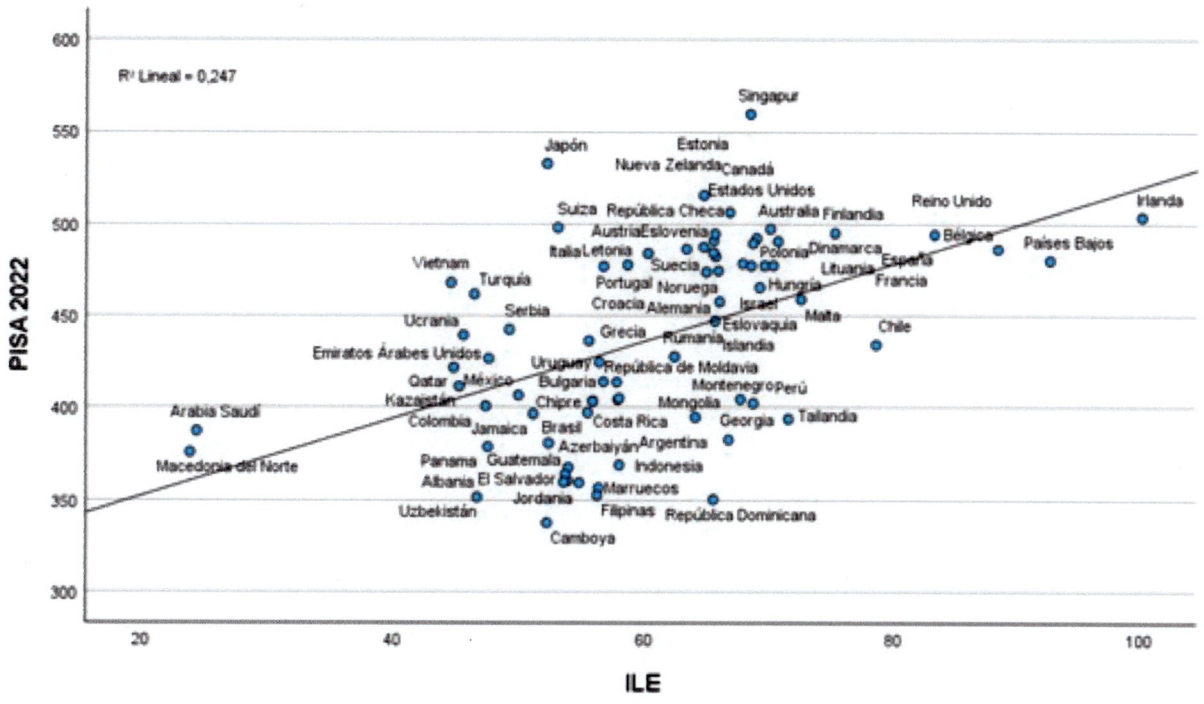

Gráfico 14: Relación entre los puntajes promedio de las pruebas PISA-2022 y el Índice de Libertad de educación.
Fuente: Elaboración propia con datos de OIDEL y OCDE.

Para analizar la posible relación entre el rendimiento en las pruebas PISA y los indicadores individuales del ILE que podrían influir en él (indicadores 1, 2 y 4), se han estimado cuatro ecuaciones, incluyendo tres de ellas como variables de control el nivel económico, cultural y educativo (ESCS) medio de cada país y la región geográfica.

	Modelo 1 R² = 0.28 Número 74	Modelo 2 R² = 0.66 Número 73	Modelo 3 R² = 0.43 Número 74	Modelo 4 R² = 0.69 Número 73
	Valores del coeficiente B			
Constante	392.042***	337.7***	369.671***	323.321***
Indicador 1	0.048	0.321	0.079	0.242
Indicador 2	0.958**	0.353**	0.573***	0.218
Indicador 4	-20.781	-63.88**	20.291	-35.535
PIB per cápita		0.001***		0.001***
Asia y el Pacífico			29.914	30.295
Europa y América del Norte			48.431*	37.306*
América Latina y el Caribe			-9.467	14.521

Tabla 8: Ecuación de resultados obtenidos en las pruebas PISA (matemáticas, lectura, ciencias).
$* p > 0.1; ** p > 0.05; *** p > 0.01$
Fuente: Elaboración propia con datos de OIDEL y OCDE.

En los tres primeros modelos, el indicador 2 (financiación pública de los sistemas de generación de ingresos) se correlaciona significativamente de forma positiva con los resultados de PISA. Sin embargo, esta relación pierde su consistencia en el Modelo 4 cuando se incluyen todas las variables de control. El indicador 4 solo es significativo en el Modelo 2, mientras que el indicador 1 en ningún caso muestra una asociación significativa con los resultados de PISA.

3.2 Segregación social en las escuelas

Otro aspecto analizado ha sido la posible relación entre libertad de enseñanza y segregación social[4] existente en las escuelas de cada país, según PISA 2018, dado que es común considerar que la educación privada tiende a generar mayor segregación. El Gráfico 15 permite apreciar que no existe una asociación visible entre esas dos variables.

---

4   El índice de segregación social mide si la diversidad de estudiantes observada en las escuelas refleja la diversidad de estudiantes observada a nivel de país. El índice varía de 0 a 1, donde 0 corresponde a ninguna segregación y 1 a segregación total (OCDE, 2019).

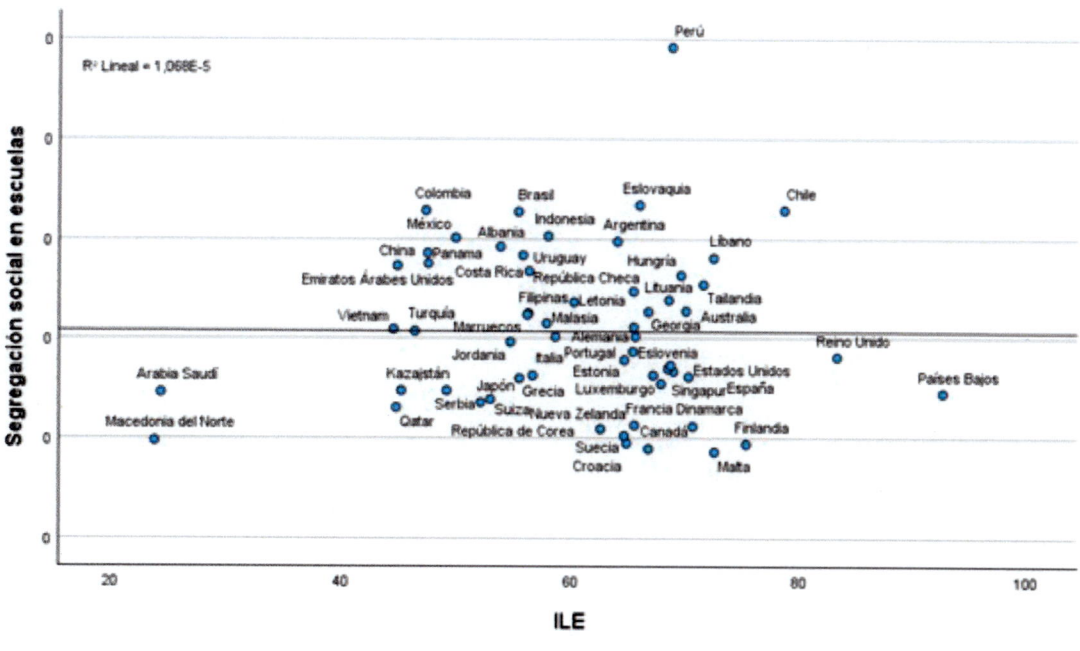

Gráfico 15: Índice de segregación social y libertad de educación.
Fuente: Elaboración propia con datos de OIDEL y OCDE.

Para analizar la posible relación entre la segregación social en las escuelas y los indicadores individuales del ILE que podrían influir en ella (indicadores 1, 2 y 4), se estimaron cuatro ecuaciones, incluyendo el ingreso per cápita y la región geográfica como variables de control en tres de ellas. Los resultados se muestran en la Tabla 9. El Modelo 1 muestra resultados significativos, con una asociación positiva para los indicadores 1 y 4, y una asociación negativa para el indicador 2. Sin embargo, en los Modelos 2, 3 y 4, en los que añadimos variables de control, las relaciones entre los indicadores del ILE y la segregación social pierden su significación. Cabe destacar una fuerte asociación negativa existente entre la segregación escolar y el PIB per cápita.

	Modelo 1 $R^2 = 0.26$ Número 42	Modelo 2 $R^2 = 0.58$ Número 42	Modelo3 $R^2 = 0.49$ Número 41	Modelo 4 $R^2 = 0.65$ Número 41
	Valores del coeficiente B			
Constante	0.119***	0.111***	0.187***	0.162***
Indicador 1	0.001***	0.001	0.00	-4,30E-05
Indicador 2	-0.001***	0.00	0.00	-9,62E-05
Indicador 4	0.101**	0.047	0.069	0,052
África y los Estados árabes				
Asia y el Pacífico		-0.001		0,029
Europa y América del Norte		-0.02		0,03
América Latina y el Caribe		0.047		0,066
PIB per cápita			-1,13E-06***	-9,28E-07**

Tabla 9. Ecuaciones de segregación social en las escuelas.
* p > 0.1; ** p > 0.05; *** p > 0.01
Fuente: Elaboración propia con datos de OIDEL y OCDE.

3.3 Brecha educativa migratoria

Para estudiar si la libertad educativa beneficia solo a una parte de la sociedad, se ha añadido al análisis la variable brecha educativa migratoria [5]. La variable se transformó en valor absoluto, ya que, dependiendo del contexto, tanto los estudiantes con antecedentes de inmigración como los que no tienen antecedentes de inmigración pueden ser privilegiados. Por lo tanto, cuanto más cercana esté la brecha migratoria a 0, más igualitaria es la sociedad. El Gráfico 16 muestra la relación entre la brecha migratoria y la libertad educativa. Este gráfico muestra que una alta libertad educativa está vinculada con una baja brecha educativa migratoria y, por lo tanto, una mejor igualdad de oportunidades en la sociedad. Los Estados Árabes como los Emiratos Árabes Unidos o Qatar muestran las peores puntuaciones en brecha migratoria y son casos atípicos.

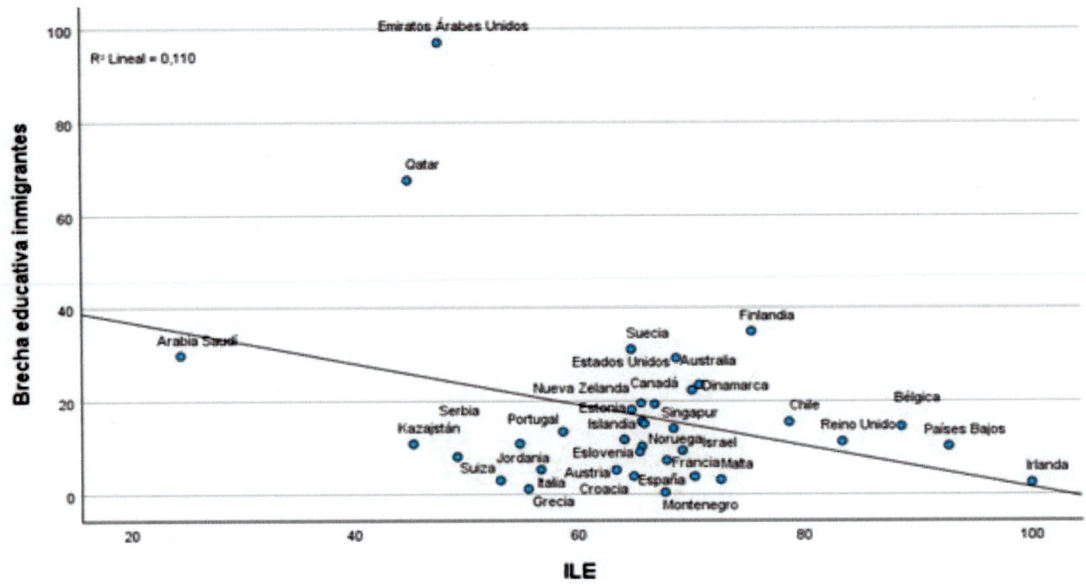

Gráfico 16: Relación entre la brecha migratoria y el índice de libertad de educación.
Elaboración propia con datos de OIDEL y OCDE.

En la Tabla 10 se muestran las ecuaciones para la brecha educativa de los estudiantes inmigrantes. La relación entre la libertad de educación y la brecha inmigratoria es sólida en el Modelo 1, pero pierde su importancia cuando se tienen en cuenta las regiones geográficas.

---

5   La variable brecha migratoria mide la diferencia en las puntuaciones PISA entre estudiantes con antecedentes migratorios y aquellos sin ellos.

	Modelo 1 $R^2 = 0.11$ Número 36	Modelo 2 $R^2 = 0.14$ Número 35	Modelo 3 $R^2 = 0.45$ Número 36	Modelo 4 $R^2 = 0.40$ Número 36
	Valores del coeficiente B			
Constante	45.866***	32.044**	46.108***	38.312**
Libertad de educación	-0.444**	-0.428*	0.123	-0.047
PIB per cápita		0		0*
Asia y el Pacífico			-37.015***	-33.385***
Europa y América del Norte			-42.63***	-35.824***
América Latina y el Caribe			-41.221***	-27.41*

Tabla 10: Ecuaciones de la brecha de inmigración en las puntuaciones PISA 2022.
* $p > 0.1$; ** $p > 0.05$; *** $p > 0.01$
Fuente: Elaboración propia con datos de OIDEL y OCDE.

3.4. Distribución del ingreso

El siguiente aspecto analizado es la posible relación entre la libertad de educación y la distribución del ingreso, ya que la mayor o menor equidad del sistema educativo se trasladará a medio plazo a los niveles de ingresos. El siguiente gráfico, que relaciona la libertad educativa existente en 2002 con la desigualdad de ingresos, medida por el índice de Gini[6] en años recientes, muestra que cuanto mayor es la libertad educativa, más igualitaria tiende a ser la distribución de la renta.

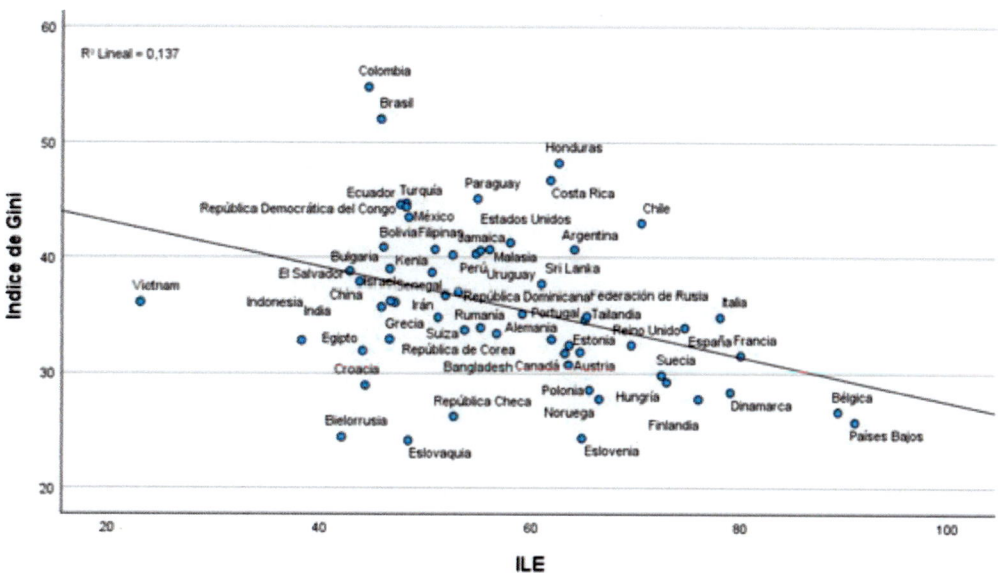

Gráfico 17: Relación entre el Índice de Libertad de Educación y el Índice de Gini.
Fuente: Elaboración propia con datos de OIDEL y Banco Mundial.

---

6   Este índice toma un valor entre 0 y 100. Cuanto más cercano esté el coeficiente de Gini a 100, más desigual será la distribución.

La relación positiva entre la distribución del ingreso y la libertad de educación se puede verificar utilizando otro indicador representativo de la primera variable, como el porcentaje de ingresos en manos del 10% más rico de la población (véase el gráfico 18).

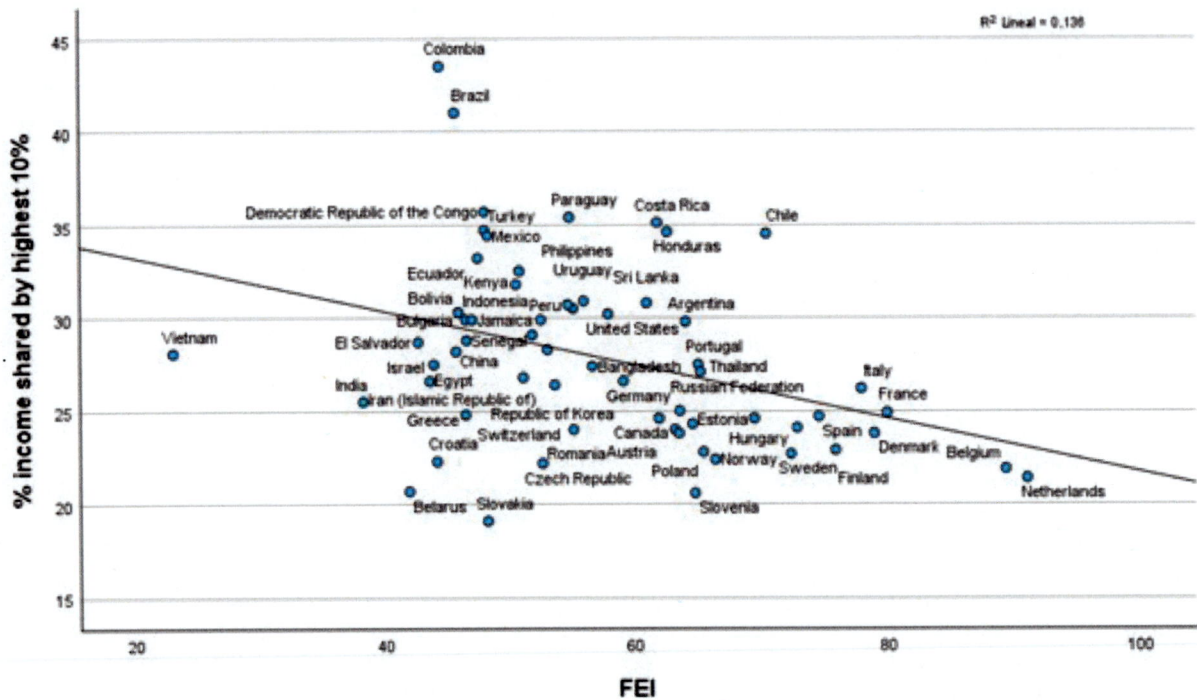

Gráfico 18: Relación entre el porcentaje de ingresos percibidos por el 10% más rico de la población y el Índice de Libertad de Educación.
Source: Own elaboration with data from OIDEL and World Bank.

Para contrastar empíricamente la relación entre cada indicador del ILE y la distribución del ingreso personal, se han estimado cuatro ecuaciones. En ellas, la variable dependiente es el valor del factor de Equidad, calculado a partir del índice de Gini, y el porcentaje de ingreso acumulado por el 10% de la población con mayores ingresos. Como variables independientes, junto con los indicadores 1, 2 y 4 del ILE correspondiente al año 2002, se han incluido el ingreso per cápita y la región geográfica.

	Modelo 1 R² = 0.21 Número 61	Modelo 2 R² = 0.35 Número 61	Modelo 3 R² = 0.589 Número 61	Modelo 4 R² = 0.59 Número 61
	Valores del coeficiente B			
Constante	35.93***	36.53***	35.00***	34.98**
Indicador 1	0.031	0.063	0.044	0.044
Indicador 2	-0.093***	-0.045*	-0.04**	-0,041*
Indicador 4	7.681	5.132	-3.061	-3.097
PIB pc		0.000***		3.71E-06
África y los Estados árabes				
Asia y el Pacífico			-1.145	-1.186
Europa y América del Norte			-5.005*	-5.169***
América Latina y el Caribe			6.341**	6.302**

Tabla 11. Ecuaciones de distribución del ingreso personal.
* p > 0.1; ** p > 0.05; *** p > 0.01
Fuente: Elaboración propia con datos de OIDEL y Banco Mundial.

Por un lado, el indicador 1 y el indicador 4 (proporción de ENG) parecen irrelevantes en todas las ecuaciones, por lo que empíricamente se demuestra que no existe asociación entre la presencia de escuelas no estatales y la desigualdad del ingreso. Respecto al indicador 2 (financiación de ENG), se mantiene significativo incluso cuando se incluyen las variables de control (PIB per cápita y zona geográfica), por lo que podemos concluir que existen indicios de que la financiación pública de las escuelas no gubernamentales puede ayudar a reducir las diferencias de renta a medio plazo.

Por otro lado, la mayor equidistribución del ingreso en Europa y América del Norte es significativa.

3.5. Mobilidad Social

El Gráfico 19 muestra la asociación positiva entre la movilidad social y la libertad de educación. Muchos países se encuentran por debajo de la línea de regresión en el caso de puntuaciones bajas en libertad de educación, mientras que este fenómeno se revierte en el caso de puntuaciones más altas.

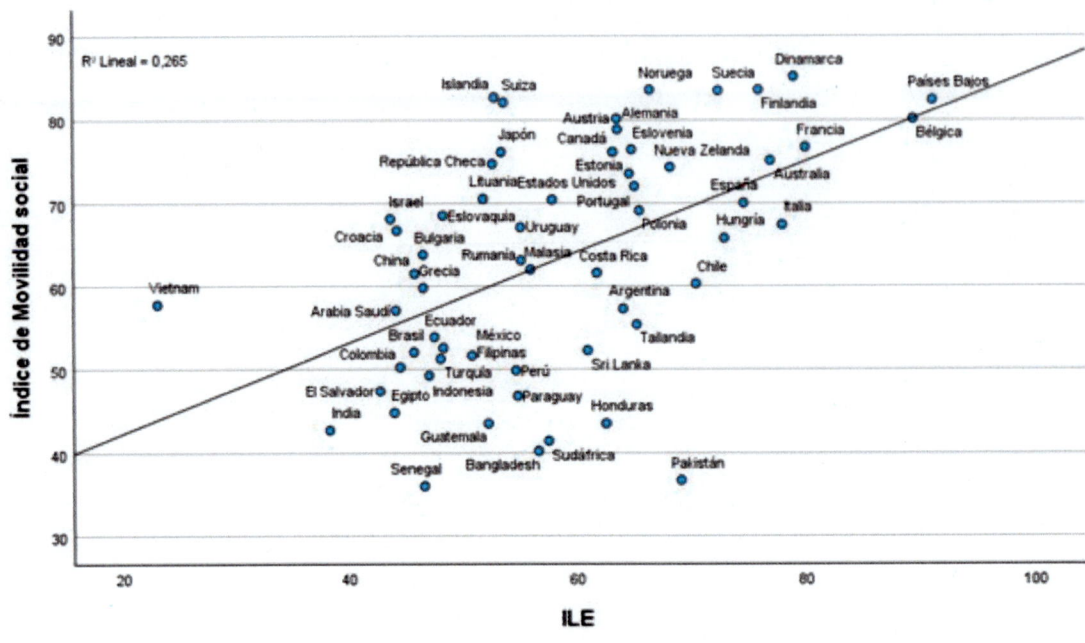

Gráfico 19: Relación entre el Índice de movilidad social y el Índice de libertad educativa.
Fuente: Elaboración propia con datos de OIDEL y Foro Económico Mundial (2020).

En la Tabla 12 se muestran las ecuaciones para los indicadores de movilidad social y libertad de educación. El indicador 2 muestra resultados significativos en todos los modelos, incluso cuando se agrega el PIB per cápita o las regiones geográficas, lo que permite de nuevo concluir que existen indicios de que la movilidad social puede potenciarse con la libertad educativa.

	Modelo 1 $R^2 = 0.25$ Número 59	Modelo 2 $R^2 = 0.86$ Número 59	Modelo 3 $R^2 = 0.65$ Número 59	Modelo 4 $R^2 = 0.88$ Número 59
	Valores del coeficiente B			
Constante	57.081***	33.993***	56.19***	31.843***
Indicador 1	-0.006	0.078	-0.186*	0.024
Indicador 2	0.206***	0.064*	0.166***	0.057*
Indicador 4	-19.969	-7.235	-9.223	-7.96
PIB pc		0.000***		0.000***
África y los Estados árabes				
Asia y el Pacífico			12.097**	9.257***
Europa y América del Norte			25.667***	-7.944**
América Latina y el Caribe			9.336*	7.942**

Tabla 12. Ecuaciones de movilidad social
* $p > 0.1$; ** $p > 0.05$; *** $p > 0.01$
Fuente: Elaboración propia con datos de OIDEL y Banco Mundial.

En conclusión: razones para avanzar hacia una mayor libertad educativa

El informe concluye que avanzar hacia una mayor libertad educativa es beneficioso por varias razones:

Respeto a los derechos de los padres:

La Declaración Universal de Derechos Humanos afirma el derecho preferente de los padres a elegir la educación de sus hijos. La libertad educativa respeta este derecho, mientras que los monopolios gubernamentales sobre la educación lo socavan.

Equidad y reducción de la desigualdad:

La libertad educativa mejora la equidad al brindar a las familias de bajos ingresos acceso a escuelas no estatales, lo que se relaciona con mejores resultados en el mercado laboral y salarios más altos. La financiación pública de la educación no estatal fomenta la movilidad social y la igualdad de ingresos, creando un círculo virtuoso entre equidad y eficiencia en los resultados educativos (Green y otros, 2017; Moulin, 2023; Sass et al., 2016; Freeman, Machin y Viarengo, 2010).

Mayor rendimiento académico:

Las investigaciones muestran un vínculo positivo entre la libertad educativa y los resultados académicos. La competencia entre escuelas públicas y no estatales impulsa mejoras en los resultados de las pruebas y el desempeño educativo general, lo que conduce a un mayor crecimiento económico y beneficios sociales (West y Woesmann, 2010; Agasisti, 2011 y 2013; Sanz-Magallón et al., 2012; Muralidharan y Sundarararaman, 2013; Tooley et al., 2009; Hannusek y Woessmann, 2012; Cheng et al., 2017; Randolph, J. et al., 2023).

Eficiencia económica mejorada:

Los centros no estatales suelen ser más rentables que los públicos, ya que presentan menos ineficiencias y consiguen mejores resultados académicos (Sanz-Magallón et al., 2020; 2022; Doncel et al. 2012; Mancebon et al.

2019; Tooley et al. 2009). Cabe señalar , no obstante, que en el caso de determinados países europeos algunos estudios han atribuido una mejor gestión a los centros públicos (Bryson y Green, 2020), lo que demuestra que pueden mejorar significativamente su rendimiento si se cumplen determinadas condiciones, como disponer de buenos profesores, una elevada autonomía e incentivos adecuados (Hanushek y Woessmann, 2011).

Los datos disponibles sugieren que fomentar la libertad educativa a través del apoyo público a las escuelas no estatales puede mejorar la equidad, la eficiencia y el rendimiento académico, beneficiando tanto a los individuos como a la sociedad.

Bibliografía

Agasisti, T. (2011), «¿Afecta la competencia al rendimiento de las escuelas? Evidencia de Italia a través de los datos de la OCDE-PISA». Revista Europea de Educación 46.4 (2011): 549-565.

Agasisti, T. (2013): *Competencia «percibida» y rendimiento en las escuelas secundarias italianas: nueva evidencia de la OCDE-PISA 2006*, British Education Research Journal, 38 (5), 841-858.

Bryson, A. y Green, F. (2018) *¿Las escuelas privadas gestionan mejor?* National Institute Economic Review, 243(1), R17-R26. doi:10.1177/002795011824300111

Cheng, A. Hitt, C. Kisida, B. y Mills, JN (2017): *Escuelas charter "sin excusas": un metaanálisis de la evidencia experimental sobre el rendimiento estudiantil*, Journal of School Choice, 11:2, 209-238.

D'Agostino, A. y Grau I Callizo, I. (2022): *Hacia la comprensión del panorama global del pluralismo educativo*, Journal of School Choice, 16:3, 365-387,

Doncel, LM, I. Sanz y J. Sainz (2012), «Una estimación de la ventaja de las escuelas charter sobre las públicas», Kyklos, 65(4), pp. 442-467.

Freeman RB, Machin, S., y Viarengo, M. (2010). *Variación de los resultados y políticas educativas entre países y de las escuelas dentro de los países (n.º 16293)*. Oficina Nacional de Investigación Económica.

Grau Callizo, I. (2023): «Los padres, un pilar para un pleno reconocimiento del derecho a la educación», Cuadernos CEU-CEFAS, núm. 5, 13-38.

Green, F., Henseke, G. y Vignoles, A. (2017), «La educación privada y los resultados del mercado laboral», British Educational Research Journal, 43 (1), págs. 7-28.

Hanushek, EA y Woessmann, L. (2011): «La economía de las diferencias internacionales en el rendimiento educativo», en *Manual de la economía de la educación*, Elsevier.

Hanushek, EA y Woessmann, L. (2012), *¿Mejores escuelas conducen a un mayor crecimiento? Habilidades cognitivas, resultados económicos y causalidad.* Journal of Economic Growth, 17(4), 267-321.

Mancebón, MJ, Ximénez-de-Embún, DP, Mediavilla, M. et al. (2019): *¿Importa el modelo de gestión educativa? Nueva evidencia desde un enfoque cuasiexperimental*, Empir Economía 56, 107-135.

Moulin, L. (2023): *¿Cuáles son los efectos a medio plazo de la educación privada en el mercado de trabajo y la educación?* Applied Economics, DOI: 10.1080/00036846.2023.2165620

Muralidharan, K. y Sundararaman, V. (2013). *El efecto agregado de la elección de escuela: evidencia de un experimento de dos etapas en la India (n.º w19441)*. Oficina Nacional de Investigación Económica.

OCDE (2019). Resultados de PISA 2018 (volumen II): *Donde todos los estudiantes pueden tener éxito*, PISA, OECD Publishing, París, https://doi.org/10.1787/b5fd1b8f-en

Randolph, J. et al. (2023): *El impacto de la educación Montessori en los resultados académicos y no académicos: una revisión sistemática*, Campbell Systematic Reviews.

Sanz-Magallón, G., Molina-López, M. e Izquierdo Llanes, G. (2020): *La eficiencia energética en los centros educativos españoles como indicador de la competencia en gestión económica: diferencias entre centros públicos y privados*, Gestión y Políticas Públicas, Vol. XXIX, Núm. 2.

Sanz-Magallón, G., López Martín E. y Reyero, D. (2021): «Relaciones entre libertad educativa, logro y equidad educativa. Comparativa internacional», en *La libertad de educación: un análisis interdisciplinar de sus presupuestos y condicionamientos actuales* Santos Rodríguez, P. (dir.), Editorial Tirant Lo Blanch, pp. 307-334.

Sanz-Magallón, G., Molina-López, M. y García-Centeno, MC (2022): *Competencia entre centros educativos, calidad en la gestión y su impacto social: una comparación entre países*, REVESCO. Revista de Estudios Cooperativos (141), 1-12.

Sanz-Magallón G. y Zurga O. (2023): *Libertad de educación en el mundo: análisis de sus facilitadores y relación con el rendimiento educativo y la equidad*, CEU-CEFAS y OIDEL.

Sass, TR, Zimmer, RW, Gill, BP y Booker, KT (2016): *Efecto de las escuelas secundarias autónomas en los logros y los ingresos a largo plazo*. Journal of Policy Analysis and Management, 35(3), 683-706. doi:10.1002/pam.21913.

Tooley, James, Dixon, P. Shamsan Y. y Schagen I. (2009). «La calidad relativa y la relación coste-eficacia de las escuelas privadas y públicas para familias de bajos ingresos: un estudio de caso en un país en desarrollo». School Effectiveness and School Improvement, 21 (2): 117-144.

Vasquez, I., McMahon, F., Murphy R. y Sutter, G. (2022): *El Índice de Libertad Humana 2022*, Cato Institute y Fraser Institute.

West, MR y Woessmann, L. (2010). *«Todos los niños católicos en una escuela católica»: resistencia histórica a la escolarización estatal, competencia privada contemporánea y rendimiento estudiantil en distintos países.* The Economic Journal, 120(546), 229-255.

Foro Económico Mundial (2020): *Informe sobre movilidad social mundial 2020. Igualdad, oportunidades y un nuevo imperativo económico,* Insight Report, Foro Económico Mundial